가려운 흉터

가려운 흉터   이든시인선 151

유미영 시집

아든북

시인의 말

사람은 무엇인가를 되풀이하면
조금씩은 익숙해지고 편안해진다는데
네 번째 시집 『가려운 흉터』를 엮으면서
애초에 생각했던 백이십여 편의 글을 다듬다 보니
온전히 곁에 남아 있을 시 한편 거두기 힘들 것 같은
아쉬움과 두려움이 먼저 앞서기에
"열 손가락 깨물어 안 아픈 손가락 없다"고
속에 차지 않더라도 애지중지 담아 보았습니다.

순한 바람이 되어
그대에게 따스한 온기로 찾아들기를…

2025년 봄

| 차 례 |

시인의 말 5

제1부 외로움이 혓바늘처럼 돋아나

Groove 13
그 말처럼 14
덧없이 15
세월… 세월은 16
11월 아침 17
생각 없이 18
이별도 자유로울 수 있다고 19
장마 20
한홍매寒紅梅 21
외로움이 혓바늘처럼 돋아나 22
손끝으로 음미하다 23
아무것도 할 수 없어서 24
마른비 되어 25
빛바랜 우표를 보다 26
선운사 동백 27
모호한 경계 28
님아 봄 오면 30

제2부 걷는 내내 생각했습니다

모순 33
삶에는 34
그대일 것 같은 느낌 35
널 기다리며 36
아픔이 아니길… 37
걷는 내내 생각했습니다 38
또 39
젖은 위로 40
상사화여 41
압화押花 42
눈물로는 43
무엇을 위하여 44
서리꽃 45
몹쓸 습관 46
바위에 뿌리내린 소나무를 보며 47
한껏 48
낮달 49
배회 50

제3부 향기 한 모금

깊은 염려 53
연흔蓮痕 54
그대 오기 전까지 55
봄의 부재不在 56
덧쌓이는 미련에 57
아련하다 58
찔레꽃 향기 59
보다 아프다 60
어느 겨를에 61
그저 그립다 62
어깻숨 63
그 흔적 잊지 마오 64
소강상태 65
8월과 별別하며 66
향기 한 모금 68
가려운 흉터 69
간곡 70
먼 훗날 71
지우려 72

제4부 무슨 까닭일까

그대 속에 나 75
문득… 낙엽에게 76
구천동 달빛 77
순천만 연가 78
한밤의 기대 79
상화 80
무슨 까닭일까 81
눈뜨면 그만인 것을 82
제주도에서라면 83
고양이와 마주치다 84
이산離散 85
지속적 폭설 86
계련 87
꽃무릇. 숙명의 역설力說 88
진혼시 89
가을날 오후 4시 90

제5부 홀로 하는 이별

빈 집 93
낙엽 94
암연 95
전단지 같다 96
갈대를 위한 작은 새의 노래 97
헛꿈 98
돌연히 99
파문 100
산에 올라보니 101
욕심 102
샛별 103
가면 104
영정사진을 찾아오던 길 106
전염 107
겨울 해 108
홀로 하는 이별 109
낙엽을 태우다 110
잔상 111

제1부

외로움이
혓바늘처럼
돋아나

Groove

세월에 긁혀
매울 홈 많아진
삶의 기억

현실에 긁혀
미처 이루지 못한
그리운 사랑

발길을 가로막는
바람소리로
흐느껴 운다

그 말처럼

왼쪽 어깨에
내려앉은 아침 햇살
눈이 부셔
고개를 돌리니
빛을 잃은
하얀 달이
오른쪽 어깨에
늘 있었다는 듯
힘없이 기대어 있네

삼백예순 날이 넘도록
목에 걸려
삼켜지지도 않는
보고 싶다는
그 말처럼

덧없이

새털처럼 가벼운 눈꽃이
하늘에서 지고 있는지
꽃샘잎샘 다 지난날에
꿈결처럼 내려와
지나간 시간의 굴레 속
멀어져 간 인연들에게
다하지 못한 아쉬움처럼
덧없이
녹고 있다

세월… 세월은

날을 세운
시퍼런 바람에도
한 줌
따사로움이 배어있어
나를 녹이고

눈물로 떠난
속 쓰린 옛사랑도
풋풋한 미소로
추억되어
나를 깨우는데

이 가슴에서
공허하게 떠나가는
세월… 세월은
무정하구나

11월 아침

힘없는 넋들이
무엇엔가 이끌려
하얀 어둠 속
끝없는 나락의 길로
흡수되어 빨려 들어갔다

안타까운 심정은
도리질에 엉겨 붙고
간절한 구원의 외침은
목구멍까지 들이친
안개에 막힌다

저항 못한 패잔병처럼
안개에 밀려 허우적거리다
부스스 깨어난
11월 아침

생각 없이

그리움
그 뭉툭한 통증과
밤을 새웠다

이길 수 없는 졸음처럼
어둠을 지킨 밤을 뚫고
안개 깔리는 새벽을 지나
해사한 눈웃음으로
품안 가득한 온기를
대지 위로 고요히 풀고 있는
아침 해에게
생각 없이 기대어
통증을 재우고 싶었다

이별도 자유로울 수 있다고

바람의 시비에
짧은 여운의 봄을 보내고
떨어지는 꽃잎의 몸짓이

이별도
자유로울 수 있다고

들고 나는
숨결에 맺힌
촉촉한 물기를 닦아준다

장마

며칠째
하늘이 흘려보낸 눈물로
세상은 온통
흙탕물길 뿐이다
나의 생각마저
그 물길에서
허우적거리고 있다
다시
소낙비구름이 몰려와
무섭게 으름장을 놓더니
설운 눈물로 가슴을 훑는다
그대에게 가는 길마저
끊겨버려 막막한데

한홍매 寒紅梅

정염의 불꽃으로
타오르지 않고서야
어찌 첫눈에 마음 길을
사로잡을 수 있는
그 아름다운
꽃으로 잉태 되었겠나

가시 돋친 계절의 바람 속
마른 고목의 거친 품에서

외로움이 혓바늘처럼 돋아나

계절이 바뀌는 지점에 닿으면
꼭 그래야 하는 운명처럼
외로움이 혓바늘처럼 돋아나

고통의 깊이도 헤아릴 수 없어

혀끝의 뜨거운 침처럼
물기 많은 깊은 한숨만
입술을 비집고 흘러나오고

시간이란 속절없는 약만
덕지덕지 칠한 채
앓는 소리마저 지치도록
그저 견디고만 있어야 해

손끝으로 음미하다

교교皎皎한 달빛
하얀 눈 위로
분분히 흩뿌려져
스며드는 서러운 밤

감당할 수 없는
외로운 이 마음은
어둠으로 가득 차이고

멀리 멀리 아득하게
희미해진 그대 모습은
차가운 손끝에
희미한 감각으로 남아
눈감아야 비로소
선명하게 다가온다

아무것도 할 수 없어서

고여 있던 눈물이 떨어져 내리면

가슴마저
할 말을 잃을까 봐

기억마저
잊혀져 멈춰질까 봐

그대 영영
찾을 수 없을까 봐

손끝으로 만져질 듯
스며들던 따스한 체온
식어 가는데
아무것도 하지 못하고
아무것도 할 수 없어서
가슴만 부여잡고 있었지요

마른비 되어

허름해진 가슴에서
부서져 내린 슬픔의 조각들이
눅눅한 구름 사이를
먼지가 되어 날아다닌다
푸석한 늦여름
갈라진 마른땅 위로
야속하게 스친
마른비 되어

* 마른비: 땅에 닿기도 전에 증발되어 버리는 비

빛바랜 우표를 보다

외로움 서리서리 얽힌
그 고요한 밤을 지새운
그리움에 붙여

가슴 속 차곡차곡 쌓인
다 전하지 못한 말의
부푼 상념에 붙여

그대에게
보내나니
목련 눈부시게 피어나는
봄날에 도착했으면 좋겠다

선운사 동백

지는 꽃이
고울리는 없지만

그래도

상실의 헛헛함에
온기를 채워 주고 싶었다
끝없이 결리는 시름을
실컷 앓아 주고 싶었다

그리고

짧은 사랑의 순간을
오래도록 견뎌주고 싶었다

모호한 경계

이미
우리 사이엔
아무것도 보이지 않는다

그런데
다가갈 수 없다
멀어질 수 없다

모호한 경계
막연함으로 비롯된 우울
그것까지도
그대를 향한 기대라고 위로한다

이렇게
멈춰 섰는데
저렇게
멀어져 버린
공간

허수한 시간만 멈춰서 있다

* 허수한: 공허하고 서운한

님아 봄 오면

님아 봄 오면
흐드러져 넘치도록
목 놓아 불러보리

설익은 감정 한 올까지도
눈먼 기억의 한 점까지도
뼈에 사무치도록

빙화의 계절
바람의 기척에도
외롭지 않도록

님아 봄 오면
꽃보라 칠 때까지
지치도록 불러보리

제2부

걷는 내내
생각했습니다

모순

지평선과 수평선
그대와 나
세상의 모든 경계들이
모호해지는 저녁 빛에
한 덩어리로 섞이는 순간

가식으로 포장한
얼굴의 미소를
가늠할 수 없는
허물어진 의식을
그곳에
슬쩍 밀어 넣고
모른 척 돌아서서

"여기 나 없어요" 라는
부재의 푯말을 부둥켜안은 채
기억에서 사라짐을
두려워하고 있었다

삶에는

만개한 꽃보다
더 아름답고
더 심장을 뛰게 하는
신비로운 감동이 있다

뜨거운 사랑보다
더 감미롭고
더 가슴 설레게 하는
찬란한 행복이 있다

그러나
삶에는
널 잊어야 할
숨 막히는 고통도 있다

그대일 것 같은 느낌

나락으로 침몰하는
까마득한 의식 속
그대일 것 같은
따스한 그 느낌
한 줄 스친다

볼을 타고 흐르는 눈물마저
뜨겁다
흐려지던 심장의 박동마저
달떠오른다

널 기다리며

짧아진 머리카락 사이로
소금기 절어 붙듯
그리움이 피부가 된
바다로 가

모호해진 소유의 범위에서
거친 바람의 몸짓처럼
자유롭게 몸부림치고 싶다

잔인하게 고립된 그리움에서
밀려드는 성난 파도처럼
허무하게 부서지고 싶다

널 기다리며

아픔이 아니길…

침묵으로 견딘
기다림의 진통 끝
여린 꽃잎은
아롱진 햇살을 머금은 듯
눈부신데

너라는 향기 한 모금
파리한 실핏줄에 막혀
온 신경이
뜨끔뜨끔 결린다

온통 너의 꿈이었던
세상의 하루하루가 아픔이 아니길…

* 피지 못하고 먼저 떠난 나의 글벗을 위하여

걷는 내내 생각했습니다

시월

이 아름다운 시월은

상큼한 초록과 정열의 빨강

그 중간의 통증을 톡톡히 앓아줘야

계절에 대한 예의가 아닐까

걷는 내내 생각했습니다

구름의 자리조차 내주지 않은 파란하늘도

대지위의 실팍한 식물들이 물들고 나서야

더 아름답게 돋보이겠구나

걷는 내내 생각했습니다

촘촘한 잎 별들 사이를 파고든 햇살이

눈을 감게 하곤 어깨에 내려앉아

그림자라도 보내주어 외롭지 않다

걷는 내내 생각했습니다

* 독립기념관 단풍나무 숲길에서

또

잔뜩 웅크린 무릎께로
헐렁해진 가슴을 묻고
더 이상은 사랑이 아니라고
외로움도 없다고
체념한 심정을 가려볼까
그리워한 시간만큼
긴 어둠을 기다렸다

위로와 기대고 싶던
깊은 어둠은 되레
마음의 저항선까지 허물고
더 집요한 그리움과 사랑을
들출 수 없이 무거운
장막 속에 가두고
희부연 여명 속에
웃는 그댈 세워놓았다

또

젖은 위로

이 밤
가슴에 당신을 꼭 끌어안고
가만히 위로하고 싶어

며칠째
슬픈 상념에 짓눌려
여윈잠에서도 쫓겨나
짙은 어둠과 대치하고 있는
당신의 흔들리는 어깨
잠든 척 하고 바라보는 내가
그래도 조금 덜 아픈 것 같아

가만히 위로하고 싶어
가슴에 당신을 꼭 끌어안고
이 밤

* 2020년 6월 15일 동생을 먼저 보낸 남편에게

상사화여

이별도 하지 않았는데
그대 발걸음
이내 발걸음
어찌하여 따로인가

흐린 날도 개인 날도
그대로부터 비롯된
눈물겨운 사랑이
이토록 눈부시게 아름다운데

그대 발걸음
이내 발걸음
이별도 하지 않았는데
어찌하여 따로인가

압화押花

살랑거리는 바람의 재촉에
숭고하게 피어난 사랑 꽃

뜨겁게 가슴을 태우던 그리움
격정적인 입맞춤의 갈증

열정으로 데우던 실핏줄의 온기마저
잊힐까 안타까워 속울음 울던 세월

추억의 갈피로 그대와 나 사이
아련하게 끼워져 있다

삶의 흔적들 사이사이에
겹겹이 포개진 내 사랑
천년이 가도 지지 않을 꽃
향기 간직한 갈피로
그대와 나 사이
고이고이 간직되어 있다

눈물로는

마음에 걸린 시름들
흩어질 줄 몰라
주체할 수 없어
늘
아팠다

사랑하되
이별하되
눈물로는
머무르지 말지

무엇을 위하여

가을이 지나는 길목
무심한 내 발걸음이
그대가 쳐 놓은 그물에 걸려
헤어날 길 없네
그 철저한 외로움 위로받고 싶어
허공에 걸린 거미줄의 붉은 잠자리처럼
생채기에 딱지 앉을 새도 없이
몸부림쳐 보았지만
하염없는 헛날개짓
부질없이 시간만 재촉하네

넌
생존을 위한 몸부림이라지만
난
무엇을 위하여 몸부림치다
이렇게 눈감고 있는지

서리꽃

나도 모르게 내민 손끝에
가시처럼 깊게 박힌
시린 서리꽃

한줌 햇살에
다시 눈물로 지고 마는
아린 눈물 꽃 한 송이

가슴에 남은 화인
영영 지울 수 없는
애잔한 불꽃 한 송이

자디잔 바람들이
눈물로 밤을 새운 새벽
투명한 겨울창가에
밤새 별빛처럼 피어있었네

몹쓸 습관

기다림도
그리움도
하루 한 날처럼
흐르는 세월과 함께 흘려보냈건만
허한 가슴
흐린 시선
매일 그렇게
골목 어귀에 닿아 멈춰서 있네

바위에 뿌리내린 소나무를 보며

어찌하려
저리도 무심한
바위의 가슴에
한 점도 숨김없이
온 맘을 다주고
뿌리마저 저리 위태로운지

천지간의 온갖 시련이
뼈에 사무치고
모진 세월 굳은 침묵이
가슴을 울려도

변함없이 신의를 지키고 있는
그 맘을
어찌 고개 숙여 받들지 않으리

한껏

나는
한 점
섬을 지키는
외로운 나무

아무 때고 다가올 이
짜디짠 파도와
변덕스런 바람뿐이지만
그런대로
오늘은
너희들의 화음에 반한
흰 눈꽃들의
화려한 군무도 덩달아
내게로 몰려온다

기다림에 휘어졌던
외로움에 구부러졌던
허리를 견디어
한껏
어울려 보자

낮달

무에 그리 그리워서
봄빛 나는 깊은 겨울
먼저 걸음 나섰느뇨

무에 그리 아쉬워서
휑한 가슴 못 여미고
서둘러서 나왔느뇨

어서 가오 돌아가오
차마 미련 남거들랑
이내 품에 잠시잠깐
스치듯이 다녀가오

배회

숨겨놓았던
타락한 감정을 토해놓은
화려한 밤의 속삭임에도
스며들지 못하고
만취에 기대어
채워지지 않는 공허와
아른거리는 그리움들을
깊은 어둠속에 가두고 싶었지만
아침이 되도록
잠들지 못하였다

허옇게
들뜬 낮달이 되었다

제3부

향기
한 모금

깊은 염려

무심히 지나치는
자동차 불빛에
놀란 나무들의
앙상한 뼈마디들이
가슴속까지
싸늘하게 박혀드는
겨울 창가

뱉어 낼 수 없는
상념의 언어들로
온통 옭아매진
내 깊은 염려를
그대
모른다 하지 않겠지요

연흔 漣痕

겹겹이 쌓이는
불분명한 바람의 발자국
그대라는
기억의 선에 가 닿으면
깊고 커진 굴곡의 파장에
나는 소리 없이 묻힌다

*연흔 : 바람에 의하여 모래나 눈 위에 만들어지는 물결 모양의 흔적

그대 오기 전까지

저 길
끝에 먼저 가
그대 기다리리다

사시사철
아름다움
만끽하시고
그 길로
살며시 오소서

나의 발자국 위에
체온이
그대 오기 전까지
식지 않겠지요

봄의 부재不在

어이하여 오지 않는지
기다리는 계절은
바람 속 구름처럼
흔적 없이 흩어지고
꼭 다녀가야 할
네가 오지 않으니
꽃을 기다리는 마음이
심난하여 어이할까

덧쌓이는 미련에

여명의 붉은 기운이
어둠과 밝음을
양단하고 있는 신 새벽

서두를 것 하나 없는 세월
태양은 또 하루를 등 떠밀고
뒷산 중턱
밤새 외로움을 앓아
하얗게 지친 달은
덧쌓이는 미련에
가는 걸음 더디만 지네

아련하다

짧은 과거의 기억을
벚꽃 흩날리는
그 바람결에
유폐시키고
돌아온 날
삶에 대한 애착과 감흥도
그날의 상실처럼
아련하다

찔레꽃 향기

바람이 슬쩍
흘려놓고 가버린
그대 향기가
코허리를 감싸고
놓아주지 않는 밤
잠은 오지 않고
그대는 가지 않고

보다 아프다

우연
마저 피해야 할
운명

그것은
이별의 슬픔에서
깨지 못한 미몽 속
초점 없는 눈빛보다
아프다

그것은
굴절된 어둠 뒤
영혼마저 흩어져버린
깊은 적막보다
아프다

어느 겨를에

밤새 숫눈이
고요히 가슴을 덮었어도
심처에 깊게 패인
한줄 저 발자국은
누구의 흔적이기에
거친 바람이 일어도
흩어지질 못하고
온화한 햇살이 스며도
녹아들지 못한 채
어느 겨를에
기억에서 아슴아슴
지워져가려나

* 숫눈 : 눈이 와서 쌓인 상태 그대로의 깨끗한 눈

그저 그립다

바람과 햇살
그리고 신의 눈물이
빚어 놓은
지상 최고의 아름다움
꽃이라는 그대

위선과 치열을 포장한
한낮의 기억마저
막 지나쳐 왔어도 희미한데

짙은 어둠의 무게에 숨소리마저
고스란히 느려져 버린 시간이면
고정된 반응처럼 선명하게 피어나
꿈속까지 화사한 수를 놓는
그대라는 꽃

그저 그립다

어깻숨

파도가 지워버린 그 이름
파도가 삼켜버린 그 얼굴
파도야
네게 달려들어
되찾고 싶은데
어깻숨만 앞서 들썩인다

그 흔적 잊지 마오

낙엽이여
그대 눈물의 온도만큼
눅눅한 습기들이
찢긴 상처에 젖어들어
쓰라리고 쓰라려도
한 귀퉁이 여전히 붉은
그 흔적 잊지 마오

삶의 어느 날
무채색의 찬 계절에
속절없이 바람에 밀려
가쁜 숨 몰아쉬는 날

낙엽이여
설령
유언장의 쓸쓸한 단어들처럼
떠돌고 떠돌더라도
한 귀퉁이 여전히 붉은
그 흔적 잊지 마오

소강상태

오랜 장맛비가
잠시 멈춰 서서 보여준
눈부신 하늘의 속살

들뜬 봄바람마냥
가벼워진 가슴에
걸려버린 하얀 구름

그 아름다움에
살며시 다가온 그대 있어
잠시 멈춰진 외로움

8월과 별別하며

8월 염천
불투명하게 녹아내린
의식의 마지막 꺼풀마저
흔들리는 대지위에 게워내고
몸을 뉘인다

한차례 소나기가
빈속을 두드려
아픈 몸을 깨우고
싱그러워진 풀숲에서
사랑을 속삭이는
풀벌레 한 쌍
마른 가슴을 깨운다

아!
그대여
고운 소리로 노래를 불러다오

지나간 계절의 노래

별들도 외롭게 했던
뜨겁던 밤
그 사랑의 노래

그로 인해
지친 영혼마저 깨어나도록

향기 한 모금

깊은 어둠의 늪
겨우 뱉어낸 숨 한 모금
그 끝에
아련하게 남겨진 향기

그대의 것이다

그 무엇도
가늠할 수 없는
사이가 되었지만
그대의 향기 한 모금으로
문득
간절히 살고 싶어졌다

가려운 흉터

써늘하고 매정하고 쌀쌀하고
겨울비 말이다
눈처럼 부드럽게 스며드는 애교도 없이
그렇게 직설적으로 가슴에
척척 내리 꽂힌다
살다 보면
그 예리함을 고스란히 맞아야 할 때가 있다
그럴 때의 상처는 흉터도 깊이 팬다
세월이 흘러
아무 일 일어나지 않는 날에도
흉터 자리가 저릿저릿 가려울 때가 있다
겨울비 울고 있는 날이면

간곡
– 만수산 무량사 돌탑

위태로움 끝엔 간절함
그 힘
그 아름다움에
어느 신인들
저 간곡함을
외면하리

부질없는
이내 몸은
그저
애절함
그 절절함에 이끌리어
숨 한 모금
크게 쉴 수 없었다

합장…

먼 훗날

뽀얗고 보드랍던

젖가슴 흔적 위엔

저승꽃

한두 송이

피어나고

이슬잠도 달콤했던

청춘의 날들은

추억에 기대어

어디쯤은 가물거리겠지

검게 익어버린

가시지 않는 멍 한 조각

그대로 가슴에 화석이 되어

* 저승꽃 : '검버섯'을 비유적으로 이르는 말

지우려

속으로
속으로
삭여낸 마른 눈물
소리 없는 비명이 되어
빈 가슴에서 울리던
긴 밤

갈대의 빈 가슴처럼
허황한 바람은
그대를 지우려
알 수 없는 상형문자들로
휘 휘~ 휘청거리고
길 잃고 배회하던
눈송이들마저
그대의 흔적 위에
비척비척 내려앉았다

제4부

무슨
까닭일까

그대 속에 나

그대가 그린 향기로운 꽃이
나를 보는 다정한 눈길 같아
가슴이 설레요

그대를 아프게 하는 그리움이
내가 보낸 애틋한 사랑 같아
눈물이 흘러요

그대의 밤을 지키는 고독이
외로움과 밤을 새운 나 같아
걱정이 되요

심혼을 다듬어 지어낸
그대의 한줄 글
감동으로 각인된
한줄 글의 그대
영원히 내게 남겨진 사랑이오

문득… 낙엽에게

타박타박
생각 없는 발걸음에 놀란
낙엽의 비명소리가
천둥소리로 귀를 울린다

가슴에
우수수 바람이 쏟아져 들어온다

더 이상 움직일 수 없어
멀뚱멀뚱 널 지키는
눈 큰 돌장승이 되어야 하나
머물고 싶은 그 어디까지
조심스런 걸음으로 너와
함께해 줄 바람 되어야 하나

문득… 낙엽에게
묻고 싶어졌다

구천동 달빛

깊고 깊은 구천동
외진 골까지 찾아오느라
그대 고생하셨어요
떠도는 이 몸이
차 한 잔 달일 불씨 없으나
그대의 환한 얼굴
보듬고 잠들 수 있는
마음 비워져 있으니
시리도록 맑은 이 밤이
더디 가길 바랄뿐이오

순천만 연가

저 푸른 하늘
구름의 움직임마저 머물러 있는데
갈대는
바람의 자디잔 걸음 소리에
소스라치게 놀라
허리를 휘~ 비틀며 비명을 지르고
은빛 비늘을 바다에 던져버린
가을 햇살의 손길이 부끄러워
저희들끼리 고개를 수그리고
속닥거리기만 한다
그러면서도
무심한 척
소심한 유혹의 몸놀림은
끝없이 끝이 없더라

* 순천만 습지의 갈대와 칠면초를 담으며

한밤의 기대

고독에 밟힌 낙엽 위로
싸락눈 한숨처럼 방황하고
어둠도 쓰러져 쌓이는 밤

다시 오지 않는 사랑도
다시 오지 않는 계절도
잠속으로 끌어안고 싶은 밤

오지 않는 잠과
절망적인 어둠 사이
부질없는 바람만 분다

이럴 때
생소한 그리움이라도
한 움큼 찾아와
희미해져 가는 의식 위로
살며시 내려앉는다면

상화

녹작지근해진
낙엽 속에서 들레는 봄
옴질거리는 몸짓들이
어찌나 속절없이 애태우는지
발길 서둘러 보았더니
꽃 같은 서릿발만
매초롬히 피었네

*상화: 꽃 같은 서릿발
*들레는: 야단스럽게 떠드는
*옴질거리는: 작은 몸이 굼뜨게 자꾸 움직이는

무슨 까닭일까

저 촘촘히 쏟아지는
가을 햇살
감당하지 못하는 이
너 뿐이겠냐마는
공연스레
외로워 옷깃 여미는
나의 몸짓은
무슨 까닭일까

낙엽아
네가 견뎌온 계절의
숨 가쁨을 알기 때문일까
파리한 내 모습이 언뜻
얼비쳤기 때문일까

눈뜨면 그만인 것을

보일 듯 말 듯
들릴 듯 말 듯
닿을 듯 말 듯
한
꿈이었는데
안타까운 이 느낌
뭐라고 남아 가슴에 흐르는가

눈뜨면 그만인 것을

제주도에서라면

나 그대로
돌이 되어도 좋겠다
파란 바람은
바다의 시를 낭송하고
꽃은 그렇게
내 눈 속에
눈부처로 영원하리니
나 그대로
돌이 되어도 좋겠다
제주도에서라면

고양이와 마주치다

푹신한 털로 몸을 가린 너와 내가
외진 골목에서 마주쳤다
잠시 주저하고 경계하는 사이
너는 눈을 내리깔고
가던 길에 도도한 걸음을 옮긴다

저 건너편
너의 시선 가득
나를 경계하는
또 다른 고양이 한 마리
내가 모를 말을 건네지만
서두르라는 눈빛은 알 것 같다

내가 우연히라도
그토록 마주치고 싶던
그리움은 깨져버리고
봄날의 터질 듯한
목련의 비명소리만
헐벗은 나의 심장에 울리고 있다

이산離散

단 한 번의 정으로
기다림만의 긴긴 세월
꿈에라도 찾아줄까
오매불망 하였거늘
애틋했던 기억마저 희미해지고
애먼 가슴 밤낮으로 쓸어내린 세월은
어느새
다 저물어 버렸네
혹여
살아는 있으려나
만날 날 있으려나
기억에나 있으려나
그리워서
보고파서
야속해서
흘린 눈물
마를 날 있으려나

지속적 폭설

식은 커피 한잔
온종일 곁에서 떨고 있다
두 손으로 감싸 쥐고
혀끝에 모으니
당신 향기가 났다
짜릿했던 입맞춤의 여운이 감돈다

쓸쓸하다
급히 삼킨다
당신의 향기까지
설움이 울컥 눈가에 고여든다

당신에게 가는 길
어느 방향이나
분간할 수 없는 짙은 회색빛
눈은 지속적으로 내리려나 보다

계련

영문도 모르고
부나비들은
황홀하게 눈부신
죽음의 불꽃 속으로
주술처럼 이끌린다
상실과 허무도 유린당한
인간의 본능이
자유를 갈구하다
허기진 영혼으로
죽음의 앞까지 이끌려가듯

* 계련: 사람이나 일에 마음이 끌려 잊지 못함

꽃무릇. 숙명의 역설力說

바짝 치켜올린
미려한 그 눈썹은
강렬한 햇살에도
도도한 그 모습은

영원히 함께할 수 없는
영원히 이별할 수 없는
숙명의 역설力說인가

진혼시

그대
부서진 영혼
저 바다 위 뭇별 되어
너울너울 춤을 추는데
어떤 노래로 흥이 돋우어 질까나
피 눈물인들 그 한이 위로가 될까나
한 잔 술로 외로움이 젖어나 들까나
두 잔 술인들 발길이 떨어나 질까나
그대
부서진 영혼
저 바다 위 뭇별 되어
너울너울 춤을 추는데

* 2021년 9월 25일 작은 오빠를 보내며

가을날 오후 4시

찬바람에 말갛게 세수하고
포근하게 옷 갈아입은
가을날 오후 4시
물억새 은빛 스카프를 두르고
턱을 괴고 앉았다

홍시같이 잘 익은 태양은
나무들 사이에서
자잘하게 빛내며
갈 길을 막고

바람에 떠들썩한 낙엽은
땅위로 흩어져 내려
쓸쓸한 등 떠밀며
갈 길을 재촉하는

늦지도 이르지도 않은
모호한 가을날 오후 4시

제5부

홀로 하는 이별

빈 집

가신 님 그리워
뒤곁 할미꽃도
머리 곱게 매만질
수줍은 마음 잃었나
앞마당의 바지랑대도
반듯하게 받쳐줄
곧은 마음 잃었나
외로울까
기다릴까
오래된 빈 집
마당이며 뒤곁이며
옛님 이야기로
잡풀들만
공연히 우거져있네

낙엽

고작 바람이 스쳤다고
그렇게 힘없이 스러져
가는가 그대

내 어깨에 부려놓은
그대 마음 한 조각
아직도 붉게 타고 있는데

가슴 뜨겁게 하던
지난 계절의 열정을
정녕
그리 쉽게 잊을런가

암연

슬프고 침울한
그
무거운 어둠
싸늘한 냉기로 침범한
달빛 한 조각
예리하게 부서져
순식간에
가슴을 내리 긋는다

흩어지는 눈망울에 깃든
먼… 그리움

전단지 같다

열정적으로 뜨거워졌던
삶의 순수한 감정마저
순간의 눈길로 가볍게 외면하고
거친 손길로 찢고
무참히 밟아버린
그대는 나다

탐욕으로 번들거리는 빛에게
진실마저 실명당한 채
목적도 없이 배회하는 영혼
우리다

오늘 밤에도
그대의 마음을 유혹하려
아슬아슬한 옷을 입고
붉은 입술로 꽃 한 송이 물고
속의 진실을
겉으로 외면한 채
인파 속에서 나부끼고 있겠지
우리는

갈대를 위한 작은 새의 노래

작은 새 한 마리
그대 여린 가슴에
온기를 품고 둥지를 튼 계절

외로움의 등살에 겨운
밤
그대는 숫눈 위에 비척비척
그림을 치며
둥지의 바람을 막아주었다

햇살이 부서지는 아침
하늘을 바라보는
그대 쓸쓸한 눈빛에
분주한 날갯짓으로 장난을 걸고
슬픔을 감춘 연민의 노래로
갈대의 속울음을 덮어주는
작은 새의 노래
시리도록 맑고 산뜻하다

* 숫눈 : 눈이 와서 쌓인 상태 그대로의 깨끗한 눈

헛꿈

시시각각 변하는
흰 구름을 창에 널어놓고
중저음으로 심신을 누르는
첼로 현을 따라
깜박 든 잠결

그대인 듯한
뒷모습의 옷자락을
놓치고 말았네

돌연히

그대의
따스한 입김처럼
꽃 피는
싱그런 봄

그대의
차가운 눈빛처럼
꽃 지는
서러운 봄

삶은 그렇게
돌연히
꽃 피듯
꽃 지듯
순간을 지나치고 있는가

파문

오랜 시간
고착된 신경에
잔잔히 파문이 인다

그대의
눈길
손길
머물렀던 자리에
진홍빛 봄물 번지듯
뜨거운 열꽃이 되어
강렬한 불꽃이 되어

산에 올라보니

존재의 가치조차 따질 수 없고
인간의 의도 또한 한 점 묻지 않은
순수자연을 기대하면서
한편
인위의 말로
아름다움을 극찬하며 안개 자욱한
산에 오른다

거칠 줄 모르는
안개구름 속을 허우적거리며
한치 앞 디딜 자리만 내준
좁은 산길 따라 무작정
산에 오른다

갈피를 잡지 못한 숱한 상념들
땀방울로 비집고 나와 짜릿하다
시야를 가로막던 막막한 현실도
걷어가는 바람결에 선명해졌다

욕심

바람이 머물다 지나간
횅뎅그렁한 자리
다른 무엇으로 메울 수 있으리
오직
바람만이 모여져 다시 채워지듯
빈 그대 가슴 한자리쯤
자유로이 넘나들며
언제 어느 때라도
가득 채워줄 수 있는
그것이고 싶어라
바람

샛별

바다와 하늘이

한 몸으로 뭉뚱그려지는

어스름 초저녁

또렷한
별 하나
그대의 눈빛처럼

파도와 구름의 경계를 넘어
가슴에 와 뜬다

가면

진한 화장으로 덧칠한 얼굴
영혼마저 그 역겨운 냄새로
굳어버린 삶

문득
나임을
분간할 수 없는 공포
가늠할 수 없는 어리석음에
주인 잃었던 거울을 찾는다

생기 잃은 얼굴
초점 없는 눈동자의
나 아닌 내가
목을 죄고 있다

욕망과 시기로
어그러진 삶이
진정인 듯했던
가면을 가르니

달빛 쏟아져 내려
하얀 속살을 어루만진다

영정사진을 찾아오던 길

영원한
침묵 속으로 향해 가는
그 길 위에서도
너는 여전히
웃고 있구나
우지 마라 되레 위로하는가
눈물 참고 있었지마는
너 없는 세상을
아름답게 보는 것이
미안하고 어색하여
눈물에 의지한 채
비닐봉지 안에 너를 안고
함께 걷던 길을
네게 보여주며 걸었다

전염

시들어 버린
과거 속으로
그대 기억
아득히 멀어져간다

멈춰 서게 하는
고독을 전염시키고
말을 잃게 하는
우울을 전염시키고

희미한 나락으로
희미한 나락으로

겨울 해

짧은 겨울 해
숱한 아쉬움의 날들이
긴 그림자에 매달려
찬바람 속을 서성인다
매일 아침이면 변함없이 떠올라
시린 계절 속을 헤매지만
눈꽃 하나 피우려했던
저 들녘의 허깨비 같은
나무 잔등이에도
변변한 자리가 없다

내게 오렴
내게로 오렴
먼지 조각에 지나지 않은
나의 몸뚱이에 내려앉아
긴 그림자로 잠시 쉬어라
너 지기 전까지
찬바람을 견뎌 줄 테니

홀로 하는 이별

푸른 저녁부터
붉은 새벽까지
영롱한 이슬을 잉태할
소리 없는 깊고 깊은
어둠의 진통을
떠도는 바람이
함께 앓았을까

멀쑥하게 눈을 뜬 아침
비산하는 태양빛에
밤새 이슬을 품었던 것들은
이별을 홀로 하고 있다

낙엽을 태우다

한때는
푸르름이 찬란했을
그대의 청춘

육신과 영혼을 태우는
아…
이 늙어진 가을날

가슴속 깊게 배긴
그대 잔향殘香
품에 안고
나를 위로하리라

잔상

하얀 연심을 품은
낮달의 잔상처럼
오롯이 심중에 맺혀
지워지지 않아
눈을 감고 말았네

그 깊은 어둠속에
어이하여
그대는
그토록 선명하게 웃고 있는지

이든시인선 151

가려운 흉터

ⓒ 유미영, 2025

발행일	2025년 3월 20일
지은이	유미영
발행인	이영옥
펴 낸 곳	도서출판 이든북
출판등록	제2001-000003호
주 소	대전광역시 동구 중앙로 193번길 73
전화번호	(042)222-2536	팩스(042)222-2530
전자우편	eden-book@daum.net
카 페	https://cafe.daum.net/eden-book
공 급 처	한국출판협동조합
	전화 (02)716-5616 (031)944-8234~6

ISBN 979-11-6701-331-6 (03810)
값 11,000원

* 이 책의 판권은 지은이와 이든북에 있습니다.
* 이 책 내용의 전부 또는 일부를 재사용하려면 반드시 양측에 서면 동의를 받아야 합니다.